AF554265

UNE PAGE

DE

L'HISTOIRE CONTEMPORAINE.

OUVRAGES DU MÊME AUTEUR.

Histoire du seizieme siècle. . . . . 1 vol. in-12.

Essai sur la maison de Stuart. . . . . 1 vol. in-8°.

Les Fastes de Versailles. . . . . 1 vol. gr. in-8°.

Grandeur de la vie privée. . . . . 2 vol. in-8°.

De l'Art en Allemagne. . . . . 2 vol. in-8°.

La Danse des Morts. . . . . 1 vol. in-12.

Essai sur la Peinture. . . . . 1 vol. in 8°.

PARIS.—IMPRIMERIE CENTRALE DE NAPOLÉON CHAIX ET Cie, RUE BERGÈRE, 20.

UNE PAGE

DE

L'HISTOIRE CONTEMPORAINE

LA RÉVISION

DE LA CONSTITUTION

PAR

M. H. FORTOUL,

Représentant du Peuple.

Prix : 75 Centimes.

PARIS

CHEZ LEDOYEN, ÉDITEUR, PALAIS-NATIONAL,

GALERIE D'ORLÉANS, N° 31.

1851

SOMMAIRE.

UNE PAGE

DE

L'HISTOIRE CONTEMPORAINE.

I.

SITUATION DES DEUX POUVOIRS.

Pour qu'on ne se méprenne point sur la portée des débats relatifs à la révision de la Constitution, il n'est peut-être pas inutile qu'un témoin attentif expose ce qu'il en sait, et, s'il l'ose même, ce qu'il en pense. Ce n'est pas une œuvre de parti, c'est un récit fidèle qu'il voudrait faire. Il espère, toutefois, que les hommes qui, au milieu des périls de l'état présent, se sont constamment diri-

1.

gés par l'unique considération de l'intérêt public, ne regretteront pas qu'il ait cherché à leur donner de nouveaux motifs de persévérer dans leurs sentiments et dans leur conduite.

Un des meilleurs moyens de montrer que les propositions de révision naissaient naturellement du vœu populaire et de la nécessité même des circonstances, c'est de jeter un coup d'œil sur la politique suivie par le gouvernement pendant les mois qui ont immédiatement précédé la discussion. Il faut croire que si le pouvoir exécutif avait eu besoin de produire et d'exciter le mouvement de la révision, il ne se fût pas légèrement engagé dans d'autres questions où sa dignité, il est vrai, était en jeu, mais où son intérêt lui eût conseillé peut-être de ne point s'embarrasser. Il n'avait pas précisément passé le temps à flatter les partis lorsque le moment d'ouvrir le débat sur la Constitution de 1848 est arrivé ; et l'Assemblée, dont il a toujours respecté les droits et honoré les loyales intentions, ne pouvait pas lui reprocher d'avoir abusé de la séduction pour capter ses suffrages.

Vainement le Message du 31 octobre 1849 avait-il servi d'introduction à un ministère qui, chargé de pourvoir aux améliorations populaires, était plus décidé que le cabinet précédent à seconder les vœux de la majorité dans le choix des fonctionnaires et dans la proposition des mesures réclamées par les dangers publics. Il avait ouvert l'époque où furent discutées toutes les lois dans lesquelles l'Assemblée a déployé son véritable caractère. N'importe ; dans l'esprit de la majorité à laquelle il avait pourtant permis de se satisfaire, il demeurait comme une blessure que les chefs des partis ravivaient aisément lorsqu'ils voulaient empêcher qu'on ne reportât à leur source principale l'ordre, le calme, la prospérité qui renaissaient de toutes parts.

Un ministre dont l'entrée aux affaires parut une atténuation des souvenirs du Message du 31 octobre, l'honorable M. Baroche, en prenant place au conseil le 16 mars 1850, eut beau mettre au service de la majorité les ressources de son talent, la résolution de son caractère, le charme de sa bienveillance ; il eut beau contribuer par ses succès à donner au gouvernement cette fermeté noble à la fois et modérée qui trouva son expression parfaite dans le Message du 12 novembre. Ébranlé par la majorité même dont il était cependant l'espérance, il quitta le pouvoir le 3 janvier 1851 et le reprit six jours après pour signer la révocation du général Changarnier, dont l'hostilité allait donner une excitation nouvelle aux passions des partis et aux ombrages de l'Assemblée.

Combien les rapports des grands pouvoirs de l'État furent dès-lors difficiles, personne ne l'a oublié. M. de Rémusat dépasse, dans une improvisation émue, la mission que quelques-uns de ses collègues avaient cru donner au plus réfléchi d'entre eux. Peu s'en faut que, sur sa motion, l'Assemblée ne rouvre le champ des aventures. Un cabinet qui s'est honoré en défendant par les lois la société menacée, tombe pour avoir pris une mesure qui ne soulève pas de réclamation dans le pays. Immolé par une majorité de nouvelle espèce, il est remplacé par un cabinet pris temporairement hors de l'Assemblée, en attendant que puisse se reformer la majorité ancienne. Celle-ci est consultée sur une demande de crédit dans laquelle le Président de la République ne craint pas de mettre sa personne en cause. La coalition répond par un refus à la demande qui s'adressait à la majorité. Les négociations ouvertes pour former un cabinet qui puisse apporter de nouvelles conditions d'autorité sont abandonnées, puis reprises, et enfin dénouées par la composition d'un ministère où la majorité trouve les défenseurs habituels de sa politique, mais où le pouvoir exécutif n'a laissé entrer que des approbateurs de sa conduite. Ce cabinet, que l'impuissance des partis aurait dû faire agréer de ceux mêmes qui refusaient de rendre justice à son dévouement et à ses lumières, est menacé de périr le jour de sa naissance et ne doit son salut qu'à l'abstention d'une partie péniblement prévenue de l'Assemblée.

Je n'exagère rien, mais je ne veux rien céler. Voilà l'administration mal affermie, voilà le parlement ombrageux qui étaient en présence. Une chambre où depuis six mois se formaient des majorités pour attaquer les actes du gouvernement et pour dénoncer son esprit aux méfiances du pays ; un ministère composé des hommes qui s'étaient le plus distingués dans le sein de la majorité par leur mérite et par leur énergie, et qui cependant, en apparence, semblaient condamnés à froisser par leur présence une partie notable de la majorité: telles étaient les relations équivoques, inquiétantes, dans lesquelles la grave question de la révision surprenait les pouvoirs publics.

A ce tableau fidèle j'en oppose un autre dont tout le monde attestera pareillement la vérité. 233 représentants proposent d'émettre le vœu que la Constitution soit révisée. Le public se demande si l'Assemblée ne compte que ces rares partisans de la révision, et si leur initiative n'est pas de nature à refroidir les autres membres de la majorité dont on connaît les préoccupations particulières. La Commission chargée d'examiner les propositions de révision est formée des nuances les plus diverses. L'opinion craint que tant de forces opposées ne s'y rencontrent que pour se combattre ou pour se paralyser. Le rapport de la Commission, plus soigneux, à ce qu'il semble, de présenter les objections que d'y répondre, accroît toutes les incertitudes en les exprimant. La discussion s'engage; les opinions, les partis les plus contraires y paraissent tantôt au milieu d'un calme profond, tantôt sous de violentes tempêtes qui témoignent également de la gravité du débat. Tout à coup, au sein de cette Assemblée, depuis si longtemps divisée, une pensée unique saisit, rapproche les esprits. On se lève pour clore la discussion; 446 voix se prononcent en faveur de la révision, qui ne compte plus que 278 adversaires. Pour amoindrir cette victoire, l'opposition se hâte de recommencer le combat en attaquant le caractère des pétitions qui ont fait toute la force du gouvernement. Aidée par la maladresse d'un imprudent ami, elle obtient un dernier succès sur ce point de procédure politique. Mais ceux mêmes qui ont contribué à la défaite du cabinet lui donnent aussitôt des gages répétés de leur confiance, en prorogeant l'Assemblée pour trois mois, en renouvelant sans difficulté le bureau menacé par les intrigues, en nommant, au premier tour de scrutin, chose inouïe ! une Commission de permanence concertée pour prolonger la trêve des partis ; enfin en désespérant par leurs refus obstinés, en confondant par leurs votes fidèles, les auteurs jusque là heureux de toutes les motions dangereuses, de toutes les divisions funestes.

Je demande à tous les esprits sincères de comparer le point de départ au point d'arrivée, de se représenter ces pouvoirs tout à l'heure fatalement divisés dans les mains qui avaient été choisies pour les unir, puis tout à coup unis dans les mêmes personnes qu'on accusait naguère de les séparer ; je demande à tous les spectateurs de nos luttes de décider si les hommes qui portent le poids du pouvoir, qui l'honorent assurément par leurs rares talents, par leur zèle infatigable, mais qui ont subi déjà tant d'épreuves où, même en ajoutant à sa valeur, on use son autorité, si ces ministres courageux, habiles, mais chaque jour contestés par des coalitions sans cesse renaissantes, auraient pu par leurs ressources personnelles changer aussi vite la face des choses et reformer la majorité sur la question même qui semblait le plus faite pour en déchirer, pour en disperser les membres.

Non. La prudence la plus consommée unie à la vivacité la plus heureuse, ne suffirait pas pour produire des résultats aussi considérables et aussi prompts. Ce n'est pas le gouvernement qui a fait naître la question de révision, qui lui a donné une majorité imposante dans l'Assemblée ; c'est le pays lui-même qui a posé cette question, et qui, jusqu'à ce qu'elle soit décidée, emploiera à la résoudre toutes les forces dont il dispose.

II.

LES PÉTITIONS.

Plusieurs semaines avant que le cabinet actuel eût été formé, sous le ministère intérimaire, un des départements dont la députation siége tout entière sur les bancs de l'extrême opposition, la Dordogne, montra les premiers symptômes de cette agitation qui a jeté, jusqu'à ce jour, seize cent mille signatures suppliantes sur le bureau de l'Assemblée. Dès les premiers jours du mois de mars, l'honorable général de Bar, député de Paris, qui est né dans la Dordogne, mais qui n'y avait point paru depuis deux ans, reçut des lettres où quelques-uns de ses compatriotes lui demandaient s'il voudrait bien se charger de déposer des pétitions relatives à la révision de la Constitution. L'honorable général a déposé 318 pétitions semblables contenant plus de 25,000 signatures, sans compter un grand nombre d'illettrés unis dans la même pensée, mais dont on n'a pas songé dès le principe à constater les adhésions.

Un journal ferme et sensé, l'*Écho de Vésone*, secondait, il est vrai, ce mouvement; il s'appuyait sur les exemples, sur les regrets que venait de laisser M. Dupont, emporté par une fin déplorable; mais les lieux où la mort tragique et l'œuvre continuée de cet homme de cœur pouvaient entretenir une émotion propice, n'avaient pas été le berceau du pétitionnement. C'était des plus petites communes et des chaumières dispersées dans les champs que le signal était parti. Les hameaux avaient fait la leçon aux villes. De pauvres paysans, qui n'avaient pas su se défendre contre de méchantes doctrines in-

intelligibles pour eux, se levaient, à la voix de quelques vieux soldats, pour exprimer leur attachement et leur confiance au neveu de l'Empereur. Les fausses notions dont les sophistes avaient brouillé leur esprit étaient tout à coup redressées par les poétiques souvenirs dont un héros avait rempli leur mémoire. Dans ces âmes simples et profondes, le prestige de l'erreur était dissipé par celui de la gloire.

Ce mouvement qui a sauvé la France au 10 décembre, qui la sauvera encore, se répandit dans les départements avec la soudaine et irrésistible puissance dont on a déjà vu les effets. Près des lieux où il avait commencé, la Saintonge, l'Angoumois, l'Agenois; sur d'autres points très-éloignés, la Champagne, la Bourgogne, le Dauphiné, la Franche-Comté, l'Alsace, la Lorraine, la Picardie, l'Ile-de-France, la Normandie, manifestèrent les mêmes sentiments. Dans les provinces d'où l'Empereur tirait ses meilleurs et ses plus nombreux soldats, dans celles qu'il a dotées de grands établissements, dans celles qui gardent toutes saignantes encore les traces de ses derniers combats, des derniers miracles de son génie, partout où le nom de Napoléon a plus particulièrement frappé l'imagination du peuple et mérité sa reconnaissance, l'entraînement a été instantané, universel. Ailleurs, où la même impulsion a été communiquée par des influences différentes, elle a pu prendre un autre caractère. Mais, à moins d'excéder la mesure des ménagements qu'on peut avoir pour les susceptibilités des partis, on ne peut s'empêcher de reconnaître que dans son origine, dans son ensemble, dans sa puissance, ce vaste mouvement des pétitions a été inspiré par le culte du grand homme qui a répandu sur l'éclat même de la civilisation moderne plus de lumières que Charlemagne n'en a jeté sur la nuit du moyen-âge.

Sans doute la Bretagne, le Languedoc, la Gascogne, la Provence, n'ont pas témoigné les mêmes dispositions, ni surtout le même empressement. Que faut-il en conclure? On a peu demandé la révision de la Constitution là où des souvenirs plus anciens et des passions plus vives balancent l'enthousiasme du nom de Napoléon. L'élan et le nombre des pétitions ont été proportionnés dans chaque lieu à la puissance qu'y conserve cette glorieuse mémoire. Au 14 juillet, l'Aisne avait envoyé 342 pétitions; l'Aube, 327; la Charente, 357; la Charente-Inférieure, 350; la Côte-d'Or, 399; la Marne, 651; la Meurthe, 326; la Meuse, 560; la Haute-Saône, 601; Saône-et-Loire, 410; la Seine-Inférieure, 442; Seine-et-Oise, 440; la Somme, 322; l'Yonne, 287; et, à la même date, la Loire-Inférieure avait envoyé 2 pétitions; le Finistère, 3; la Vendée, 7; le Morbihan, 5; la Mayenne, 11; Ille-et-Vilaine, 15; le Gard, 15; les Bouches-du-Rhône, 16. Peut-il y avoir rien de plus significatif que ces chiffres? Ne disent-ils pas clairement que le pétitionnement a été partout en rapport non pas avec les forces unies de toutes les fractions du parti modéré, qui est assurément plus puissant dans le département du Finistère que dans celui de Saône et-Loire, mais avec les forces particulières d'une opinion qu'on est bien obligé d'appeler napoléonienne, puisqu'elle se rattache au nom de Napoléon?

A Paris, dès qu'on fut informé que les départements commençaient à adresser leurs pétitions à l'Assemblée, on songea aux moyens de régulariser et de diriger cette manifestation. D'honorables citoyens, appartenant à tous les partis, renouvelèrent, en vue du salut commun, une organisation dont l'opposition avait autrefois introduit l'usage: réunis en comité, ils rédigèrent une formule simple pour frapper tous les esprits, générale pour embrasser toutes les opinions; ils la firent imprimer à milliers et la répandirent dans les provinces. Une autre association précédemment établie à Paris pour mettre de l'ordre dans les opérations du suffrage universel, l'*Union électorale* convoqua son corps compliqué de délégués, et, après quelques débats, décida que, sans se subordonner au comité, elle seconderait son action et organiserait le pétitionnement dans les quartiers de Paris.

Paris est, on le sait, une grande ville où les idées les plus contradictoires ont également cours et sont souvent reçues dans un même jour par la même personne, où tout est sujet de raisonnement et de conversation, où l'on croit d'autant moins qu'on disserte plus, où l'on s'inquiète assez peu de voir les faits comme ils sont, parce que l'art suprême consiste à s'y soumettre et à les arranger ensuite pour le plaisir des petites passions et des petits intérêts de chacun. Dans ce rendez-vous de gens élégants venus de tous les points de la France et de tous les points aussi de l'horizon moral, on est facilement sceptique par complaisance, indifférent aux choses même les plus graves par politesse, et accommodant pour l'opinion d'autrui, afin de se plier à la nécessité et à l'agrément des relations journalières. Ces effets d'une civilisation raffinée ont leur douceur et aussi leur danger. Les influences honorables et extrêmement utiles qui avaient voulu s'employer à Paris pour diriger le mouvement des pétitions provinciales, cédèrent à ce besoin si naturel et si louable de trouver des formules innocentes qui pussent plaire à tout le monde, sous-entendre tous les vœux, laisser carrière à toutes les espérances. Enfin, au lieu de s'appuyer sur cette opinion particulière, puissante, que nous signalions tout à l'heure, et qui était propre à intéresser la masse des populations à une amélioration de notre état politique, on s'efforça de passionner le public pour une révision métaphysique et abstraite, où les habiles trouvaient un aliment pour leur pensée et les causeurs pour leurs conversations, mais où, il faut bien le dire, les bons habitants des campagnes n'attachaient une signification ni assez sérieuse, ni assez nette.

Aussi, lorsque les comités commencèrent à faire porter dans les chaumières leurs pétitions imprimées, ils éprouvèrent un grand désappointement. Les paysans se demandaient si, sous ce mot vague de révision de la Constitution, on ne cachait pas quelque chose qui ne serait pas de leur goût ou de leur choix ; ils se regardaient entre eux et déconcertaient par leurs refus les agents qu'on avait envoyés pour faciliter l'expression de leurs vœux. Les correspondances des comités et les souvenirs des représentants en font foi. C'est ainsi que les choses se sont passées, non seulement dans les départements qui, comme la Moselle, les Ardennes, Seine-et-Oise, l'Yonne et la Charente-Inférieure, ont voué un culte plus vif à la mémoire de l'Empereur, mais encore dans les départements si calmes de la Normandie, dans l'Eure et dans la Manche, où le pétitionnement a été paralysé dès l'abord, parce que le renouvellement des pouvoirs du prince Louis-Napoléon n'était point formellement exprimé, et surtout dans les pays les plus agités par l'esprit démagogique, dans le Cher, dans la Corrèze, dans Saône-et-Loire, où le souvenir de Napoléon pouvait seul ramener à la raison des populations égarées sur lesquelles la révision elle-même n'exerçait aucun empire. Les gens qui habitent les villes et ceux qui, dans les bourgs ou dans les chef-lieux de canton, se piquent d'imiter les citadins, se passionnaient, après avoir lu leur journal, pour les beautés abstraites de la révision et pour ses vagues mirages; mais les campagnes, les communes rurales que le vote universel a investies de la souveraineté du nombre, et que la presse n'a point encore assouplies à ses caprices, ne se contentaient pas si aisément; elles désiraient la prolongation des pouvoirs du Président de la République, et ne se laissaient pas facilement entraîner par ceux qui pouvaient souhaiter autre chose.

Populaire dans son origine et dans son but, le pétitionnement l'a été aussi dans son organisation. Les corps municipaux, seuls magistrats connus des populations rurales, ont pris l'initiative. Les pétitions étaient déposées à *la maison commune*, comme l'appellent les paysans, et on allait les y signer sous la garde des représentants les plus directs du suffrage universel. Ç'a été un grand enseignement et un grand péril; car si d'une part il est devenu impossible de récuser un témoignage aussi sincère, de l'autre les démagogues ont pu plier à leurs desseins un instrument dont ils sont demeurés maîtres en bien des points. Beaucoup de maires, imposés d'abord par la terreur, prorogés ensuite par la négligence, ont non seulement refusé de légaliser les pétitions de leurs administrés, mais encore ont autorisé des violences et des menaces abominables pour étouffer l'expression des sentiments les plus vifs et les plus sensés du pays.

Les lettres adressées au comité révisioniste contiennent à ce sujet les indications les plus irrécusables. On écrit du département du Cantal, à la date du 21 juin : « Le succès de la » pétition serait complet sans les menaces du » parti rouge, sans l'hostilité des maires de » quelques villages, sans la frayeur de nos » fonctionnaires, plutôt contraires que favora- » bles. » On écrit de la Gironde, le 14 juin : « Le parti démagogique a tout mis en œuvre » pour effrayer les gens timides, fort nom- » breux ici comme ailleurs. Il a poursuivi de » ses attaques par la voie de la presse la plu- » part des personnes honorables qui s'étaient » mises à la tête du mouvement révisioniste. » Dans les arrondissements surtout on a » échoué devant l'hostilité d'un grand nom- » bre de fonctionnaires issus de février. Les

» principales et les plus odieuses entraves ont » été suscitées par des maires appartenant au » parti du désordre, sur lesquels l'autorité » supérieure ne peut rien, et qui soumettent les » gens honnêtes et paisibles à un véritable » régime d'intimidation. »

Un de ces affreux propos dont il y a fabrique à Paris et que leur grossièreté même fait circuler d'un bout à l'autre du pays, se trouva tout à coup comme un mot d'ordre sur les lèvres de tous les petits tyrans de la démagogie, qui s'en allaient disant dans les villages : « Signer la révision, c'est signer son arrêt » de mort. Les pétitions seront des listes de » proscription. » Voici des preuves diverses de ce que personne n'ignore maintenant, de ce qu'on ne voudra pas croire un jour. Une lettre du département de la Nièvre, datée du 6 juin, se termine ainsi : « Je continuerai » à appuyer toutes les mesures favorables aux » intérêts de l'ordre, quoique je sache être

» porté un des premiers sur la liste des pros-
» crits de Clamecy, et malgré les menaces qui
» m'ont été faites dans la commune où j'ai signé
» la pétition. » Pour donner un commencement de réalité à leurs ridicules bravades, les fanfarons du parti volaient les pétitions révisionistes et les rendaient quelquefois après en avoir noté les adhérents. On écrit du département de l'Orne, le 14 juin : « Le garde
» champêtre a été victime d'un guet-apens
» dressé par trois démocrates : on lui a arra-
» ché la pétition et on l'a gardée douze heures
» pour relever les signatures. » Ailleurs, comme dans le département que je représente, à Sisteron, on ne restituait pas les pétitions volées. Dans d'autres départements plus sûrs d'eux-mêmes, l'intimidation produisait encore un certain effet. C'est ainsi qu'un correspondant de Seine-et-Marne écrivait le 18 juin :
« Les gens me disent franchement : Quand il
» s'agira de voter au bulletin secret, nous
» saurons bien ce que nous aurons à faire;

» jusque là nous ne voulons pas nous compro-
» mettre. »

Est-il besoin d'autres exemples ? Qui pourrait révoquer ces témoignages en doute, lorsque les mêmes moyens transportés des cabarets des villages jusque dans le palais de l'Assemblée nationale, ont donné lieu le 7 juillet à une discussion particulière au sein de la Commission de révision, et à cette observation faite par M. de Corcelle, que, « comme » président de la sous-commission des péti- » tions, il fut averti que des copies de listes » des noms des signataires étaient prises sur » les dossiers communiqués aux représen- » tants ? » D'ailleurs qui n'a pas vu, dans le bureau où les communications des dossiers avaient lieu, ces citoyens qui, suivant l'expression de M. Dupin, se cachent dans leurs barbes, former une sorte de tribunal révolutionnaire anticipé, et citer, par avance, à leur barre les modestes auteurs des signatures innombrables qui faisaient plisser leurs pâles fronts. Imbécile parodie d'un temps que ne reproduiront jamais tous ces dénonciateurs de signatures et tous ces proscripteurs de pétitions !

Pour cacher leurs violences, les ennemis de la société ont accusé la pression du pouvoir. Nous sommes, comme tout le monde, réduit à en juger sur quelques vagues indications et sur des documents auxquels la trahison d'un ingrat cherchant à se venger de la pitié qu'il avait inspirée, ne suffit pas pour donner un caractère officiel. Nous devons d'ailleurs le confesser, nous ne placerions jamais notre orgueil à mettre les actes du gouvernement en harmonie avec les doctrines de l'opposition. Nous ne pourrions absolument nous résigner à considérer l'administration française, mécanisme admirable créé pour porter la vie dans toutes les parties de la nation, comme un ressort purement matériel, uniquement chargé d'y entretenir un mouvement aveugle, ignorant de ses lois et de ses effets. Non. Destinée à maintenir l'esprit de la société autant qu'à en conserver le corps, l'administration doit avoir des croyances comme elle a des règles. Par essence, elle n'agit qu'en vertu de certaines idées générales de civilisation et de stabilité, dont il faut qu'elle sauve les principes, si elle veut demeurer maîtresse d'en déduire les conséquences dans la pratique des affaires. Par situation même, elle représente un parti à qui l'opinion publique a décerné le gouvernail; responsable de ce parti devant le pays, elle peut, elle doit montrer comment il entend user du commandement qui lui a été déféré.

Ainsi, loin de blâmer le gouvernement de s'associer à un acte aussi considérable et aussi essentiel que celui des pétitions révisionistes, nous avouons qu'il nous eût semblé dans son droit en y prenant une part honorable sans doute, mais large, manifeste surtout, et qui pût être jugée par tout le monde. L'administration française, après tant de révolutions éprouvées, est demeurée plus honnête que courageuse. Elle ne sait pas, d'elle-même, braver les terreurs du lendemain et écraser sous ses dédains des ennemis dont ses frayeurs font toute la force. Elle ne connaît, elle n'accomplit que le devoir tracé, écrit, publié. Elle ne marche qu'au grand jour, dans les lieux découverts, où l'honneur et la discipline lui ordonnent ostensiblement d'aller. Lui laisser croire qu'elle doit faire dans l'ombre ce qu'elle regarde à la fois comme honorable et comme périlleux, ce serait trouver le triste secret tout ensemble de blesser sa dignité et d'autoriser ses défaillances.

Nous sommes donc bien peu disposé à croire que l'administration, à qui on n'a pas donné d'instructions publiques, en ait reçu d'occultes. Il existe des preuves que, dans un grand nombre de lieux, les fonctionnaires qui sont le plus directement placés sous la main du pouvoir, ont détourné les citoyens de signer les pétitions. Ici, ce sont des préfets qui, interrogés par leurs administrés, dans leur tournée ou dans leur salon, répondent qu'il est superflu de pétitionner et qu'il vaut mieux s'en abstenir. Là, d'autres préfets ont organisé l'irrésistible inertie de leurs maires et l'immobile résistance de leurs corps municipaux. Ailleurs, un juge de paix à qui on présente la pétition, refuse de la signer en disant qu'il veut conserver sa place Il la conservera, en effet, et tous ceux qui, à son exemple, ont regardé leurs fonctions, non point comme des positions de défense sociale où il faudrait au besoin savoir mourir, mais comme des propriétés particulières où il convient de se perpétuer par la prudence, les conserveront aussi certainement, non pas, il est vrai, par la reconnaissance des partis, qui, sans doute, leur rendraient peu tous leurs ménagements, mais par la générosité d'un pouvoir assez fort pour permettre à la nature humaine de suivre impunément la pente ordinaire de ses faiblesses. Du moins de cette hostilité qu'on a vue éclater au sein de l'administration elle-même, sera-t-il permis de conclure que l'administration n'a ni subi, ni opéré une pression concertée dans l'œuvre du pétitionnement.

Et cependant, ce mouvement, trahi en beaucoup d'endroits par les fonctionnaires qu'on accuse de l'avoir produit artificiellement; combattu partout avec désespoir par les démagogues, qui affectent ensuite de le traiter avec légèreté; altéré par la condescendance, à certains points de vue louable, des personnes qui se sont donné l'honorable mission de le diriger, avait produit, au 14 juillet, jour de l'ouverture de la discussion, 1,356,307 signatures bien comptées, auxquelles il en faut tout d'abord ajouter 101,525 déclarées le

21 juillet, après la clôture de la discussion. 1,323 pétitions déposées depuis cette époque jusqu'au 9 août, contiennent environ 100,000 signatures nouvelles. Ces 1,600,000 signatures réunies forment le rassemblement écrit le plus considérable qui ait jamais exprimé en France les justes doléances de l'opinion publique. Il n'en a point tant fallu, non-seulement pour sanctionner les constitutions démagogiques de la révolution, mais encore pour établir les constitutions du Consulat et de l'Empire, qui ont si puissamment contribué à la grandeur de notre pays.

Ceux mêmes qui ne voulaient pas nier l'importance de ces chiffres ont cherché à l'atténuer. Ils ont divisé en plusieurs catégories les 1,356,307 pétitionnaires connus au 14 juillet. Ils ont commencé par mettre à part, avec une mauvaise note, 50,616 signataires qui avaient formé des vœux inconstitutionnels, comme si ce n'était pas désirer le changement de la Constitution que de la souhaiter dans des formes différentes de celles qui ont été prévues par la Constitution elle-même. Ils ont ensuite fait remarquer qu'en regard de 424,540 signataires qui avaient indiqué qu'ils demandaient la révision pour obtenir la rééligibilité du prince Louis-Napoléon Bonaparte, il y en avait 881,151 qui avaient réclamé la révision purement et simplement, comme si on ne savait pas bien que le plus grand nombre de ceux qui ont signé cette formule y sous-entendaient tout ce que les autres demandaient expressément. Après avoir disputé sur les intentions, les critiques ont chicané sur la forme même des signes par lesquels elles s'étaient fait jour. Et les paysans, chez qui est né ce mouvement, dernier espoir peut-être d'une société en péril, ont essuyé le reproche de n'avoir su apposer que des croix sur les pétitions et de n'avoir pas toujours pu obtenir de leurs maires la légalisation de leurs signatures, comme si tous les obstacles qu'ils avaient rencontrés dans leur propre ignorance et dans le mauvais vouloir de leurs magistrats, n'attestaient pas avec une force irrésistible la sincérité et l'ardeur de leurs vœux.

III.

LES SALONS.

Tandis que se produisaient dans les campagnes ces symptômes d'une amélioration raisonnable de notre état désespéré, dans quelques salons de Paris on ne songeait à rien moins qu'à refaire des dynasties, et l'on y discutait sur le droit de primogéniture, comme au beau temps des Guises et du Béarnais.

Sous la protection d'une armée de cent mille hommes, le pavé étant parfaitement libre, et chacun allant, comme autrefois, à ses plaisirs et à ses affaires, on se demandait pourquoi, comme autrefois aussi, on ne rétablirait pas une société où tout serait prévu et réglé à l'avance, où les gens d'esprit auraient toujours raison, et où les gens comme il faut reprendraient le pouvoir pour ne plus le perdre. Avec quel dédain on traitait ce qu'on appelait de misérables expédients, et ces cent mille baïonnettes, et cette immortelle mémoire, et cette intelligence calme et résolue qui permettaient à la France de continuer tranquillement son travail, et à tant de charmantes personnes de poursuivre leurs propos moqueurs !

Les légitimistes recommençaient avec plus de force les discours qu'ils avaient tenus pendant vingt ans; ils disaient qu'ils connaissaient seuls la cause et le remède de tous nos maux ; que la société périssait par l'absence de toute autorité; qu'ils en possédaient seuls le principe; que ce principe, fondement d'un droit dont ils étaient les dépositaires, demeurait attaché à un prince dont ils étaient les garants, et qu'il leur suffirait de proclamer ce principe et de couronner ce prince pour ramener le bonheur sur la terre. Nobles et fragiles illusions que les plus grands souvenirs encouragent et qu'un cri poussé dans la rue suffit pour dissiper !

Quelques lieutenants de l'ancienne opposition parlementaire, illustres pour avoir beaucoup déclamé contre le gouvernement de la famille d'Orléans pendant qu'il était debout, et pour avoir voulu le relever dès qu'ils furent parvenus à le jeter par terre, s'efforçaient de persuader à leurs amis et, ce qui est plus triste, aux augustes exilés devenus leurs clients, que ce qui avait été établi le 10 décembre par le vœu de la nation entière, était aussi précaire que ce qui avait été imposé le 24 février contre son gré, et que d'un moment à l'autre la France allait rétablir les choses comme elles étaient ce beau matin où le pouvoir glissa entre les mains qui l'attendaient depuis si longtemps. Cette mutinerie, d'autant plus dangereuse que la vanité pure l'inspirait, ayant gagné même les chefs, dont elle avait cependant compromis l'autorité et irrité l'orgueil, il semblait qu'il n'y eût plus qu'à régler où l'on renfermerait le prince qui avait sauvé la patrie en ralliant le parti de l'ordre, et par où rentreraient ceux qui en refusant de se défendre avaient oublié de protéger leur pays.

Des hommes d'Etat, vieillis ou formés au service de la maison d'Orléans, s'alarmèrent de ces espérances de l'opposition qu'ils avaient si longtemps combattue. La croyant sans doute en mesure de ramener bientôt les princes à la chute desquels elle avait au moins participé, ils voulurent n'être pas pris au dépourvu par les restaurations qui se préparaient. Comme chacun, par un dernier ressouvenir de nos dangers, songeait encore à flatter la démocratie, que cependant tout le monde, dans les salons, semblait avoir cessé de craindre, ils arrangèrent la partie de manière à y jouer le rôle non-seulement le plus important, mais le plus populaire. Jugeant également dangereux de laisser régner seuls soit les légitimistes, qui voudraient sans doute gouverner sans eux, soit l'ancien centre gauche, dont le plaisir pourrait être de gouverner contre eux, ils imaginèrent de rappeler ensemble les deux monarchies proscrites, qui, obligées en s'unissant d'exclure, l'une l'élément aristocratique, l'autre l'élément révolutionnaire qu'elles renfermaient, n'auraient rien de mieux à faire que de les choisir eux-mêmes comme les conciliateurs des partis, pour répondre aux uns de l'ordre, aux autres de la liberté dont les emblèmes se mariaient en effet sur leur drapeau. Ainsi naquirent ces beaux projets de fusion, souvent tombés par leur propre impuissance, souvent repris, cimentés, l'hiver dernier, autour de quelques tables dont la magnificence a fait beaucoup de bruit ; évanouis, à ce qu'on raconte, dans une visite récente, où la majesté du malheur a déconcerté, dit-on, toutes les séductions de l'éloquence et du génie.

Que les brillants causeurs qui formaient ces plans, loin du mouvement réel des affaires, aient pu les discuter innocemment ; que les salons même, après tant de changements de choses et de personnes, après tant de fortunes anéanties qui étaient le levier de leur pouvoir, après tant de fortunes nouvelles créées qui déplaçaient l'influence, aient cru pouvoir mener le monde comme autrefois, et n'aient tenu aucun compte de ce qui n'était pas admis à leurs conversations et à leurs plaisirs, on l'accordera, s'il le faut, volontiers.

Mais que des gens qui hier encore tremblaient pour la sécurité de leurs jouissances, pour la conservation des restes de leur splendeur, pour la défense des biens communs de la civilisation perfectionnée par leur délicatesse, ne se contentent pas d'oublier la démocratie, qu'ils la défient ; que des gens qui ont employé leurs jours à l'exciter sans la satisfaire, prennent plaisir maintenant à l'irriter ; que des gens qui se sont usés à lutter contre elle, soient résolus à la déchaîner ; que tous ensemble ils s'apprêtent à demander l'assistance des ennemis qui ont juré de les ensevelir sous les ruines de la société, contre le dernier pouvoir dont l'autorité fortifiée par l'acquiescement universel, puisse les préserver encore, voilà ce qu'il faut absolument se refuser à admettre. Il vaut mieux s'exposer à être trompé par les passions des hommes, que de les proclamer par avance criminelles et aveugles à ce point.

IV.

LES RÉUNIONS POLITIQUES.

L'hostilité et les divisions enfantées par les loisirs des salons se reproduisaient dans la majorité de l'Assemblée. Les réunions particulières où les représentants des diverses nuances du parti de l'ordre cherchent à former leurs opinions, devenaient chaque jour plus ennemies.

Aux premiers jours de l'Assemblée législative, lorsqu'on n'avait qu'à résister en commun à l'esprit d'anarchie, on se réunissait ensemble dans une des salles du *Conseil d'État*, laissant seulement en dehors et à regret, quelques hommes que le souvenir des services qu'ils avaient rendus de bonne heure à la République, et peut-être le sentiment de leur supériorité, avaient déjà décidés à former un tiers-parti entre ce qu'eux seuls appelaient alors la majorité et l'opposition. Mais bientôt au Conseil d'État les partis se montrèrent ; les légitimistes, soldats mieux disciplinés, orateurs soutenus par des doctrines toutes faites que les révolutions avaient rendues plus intraitables et plus superbes, obtenaient, quoique en minorité, par l'exactitude et par l'accord, une influence inquiétante pour les hommes plus nombreux, plus pratiques, moins ardents, moins unis entre eux, qui avaient formé le cortége du dernier gouvernement, et qui voulaient soutenir le gouvernement nouveau. Ceux-ci, qui se confondaient eux-mêmes volontiers sous le nom de conservateurs, trouvaient tout à la fois une excuse pour leur négligence et un aiguillon pour leurs dépits dans les succès de quelques-uns de leurs chefs qui, en dépensant à profusion l'esprit, le talent, les ressources, venaient toujours à bout des contradicteurs, mais blessaient le gros du parti, trop exclu de tous les secrets et de toutes les parades. Il fallut céder à ces bonnes et à ces mauvaises raisons, et se décider à rompre le faisceau que l'action des circonstances avait formé.

La force des légitimistes venait en partie de ce que, avant de se rendre aux réunions du *Conseil d'État*, ils se concertaient dans leur cercle de la rue de Rivoli. Les conservateurs créèrent le cercle de la rue Richelieu. Ceux d'entre les chefs qui virent dans cette séparation un commencement de révolte de la part de leurs aides de camp s'abstinrent d'y paraître. On fut tenté de justifier leur absence, lorsqu'on entendit ceux qui avaient pris leur place, sous le prétexte de hâter la fin de nos maux, faire publiquement de la Constitution, qui en était la source principale, des éloges passionnés qui étonnaient les membres mêmes les plus décidés à la respecter. Le mot d'ordre était donné ; et les personnages les plus hardis auparavant à parler des droits absolus que le suffrage universel avait conférés à l'Assemblée contre l'anarchie, et des surprises que le salut commun ordonnait de faire succéder à celle du 24 février, n'ouvraient plus la bouche que pour proclamer l'insuffisance des pouvoirs de l'Assemblée, et la nécessité non-seulement d'observer la loi, mais d'aimer la loi, d'adorer la loi, de sacrifier à la loi tous les murmures de la raison et du patriotisme indignés. A la clarté des événements, on ne tarda pas de comprendre que cet amour violent et imprévu avait surtout pour objet les obstacles opposés par la Constitution à la durée et au développement du pouvoir exécutif. Ces sentiments parurent dans tout leur jour lorsque le Cercle ayant été transporté de la rue Richelieu à la place des Pyramides, on vit s'y inscrire les chefs qui avaient blâmé la séparation de leurs lieutenants, et qui venaient désormais approuver leur langage et fortifier leur action. Mais au moment même où l'état-major fut ainsi recomposé et se crut maître de la place, il sentit dans la masse obscure des soldats qu'il voulait mener à l'assaut du pouvoir, une résistance que ni les séductions de la parole, ni l'autorité des noms ne purent vaincre. Quand ces habiles tacticiens virent qu'ils n'obtenaient rien de ce qu'ils étaient venus demander, ils se retirèrent, emportant sans doute avec eux les talents, la grande expérience, l'illustration ancienne qui font l'orgueil des partis, mais laissant le dévouement modeste et le courage réfléchi qui assurent les victoires utiles. On les ouït dire en sortant que « dans le parti » conservateur ils n'avaient plus trouvé qu'une » réunion de bonapartistes. » Beaucoup de gens à qui ils adressaient ce nom ne le méritaient vraiment pas ; mais ceux qui donnaient si vite à un parti le nom d'une famille, prouvaient par là même assez clairement qu'une autre famille avait reçu leurs engagements, et que c'était du nom de la maison d'Orléans qu'ils entendaient couvrir leur domination.

Au même instant les légitimistes, longtemps maîtres par leur accord, le voyaient se dissoudre au milieu de leurs succès qui avaient persuadé à quelques-uns d'entre eux qu'on ne leur refuserait rien de ce qu'ils oseraient exiger. Pour maintenir l'union, la tête du parti, qui, au rebours de ce qui arrivait chez les conservateurs, était plus froide que les extrémités, avait employé les moyens les plus héroïques, en premier lieu le pèlerinage de Wiesbaden, où tout le monde avait pu recevoir directement les ordres de celui qui avait le droit d'en donner; plus tard, l'envoi à Venise d'un ambassadeur également agréé par toutes les nuances de l'opinion, et qui semblait en mesure de rapporter des paroles ou au moins des impressions capables de faire disparaître toutes les dissidences. Rien ne réussissait. Les dissidents, aspirant tantôt à mener hautement la majorité, tantôt à la déplacer, liaient publiquement partie avec ceux qui avaient passé jusqu'alors pour leurs plus dangereux adversaires : les uns s'associant aux jacobins dans les délibérations et dans les entretiens de l'Assemblée ; les autres nouant des relations inquiètes avec les impatients qui s'occupaient à procurer par toutes les voies le rétablissement de la maison d'Orléans. Leur zèle, ardent à exciter les gens audacieux de toutes les opinions, ne trouvait même pas un contre-poids efficace dans la modération des alliés que les chefs avaient empruntés au parti de la fusion, et qui, effrayés du terme où les menaient des concessions répétées, demandaient qu'on se séparât de ces soldats indisciplinés comme ils s'étaient séparés eux-mêmes de quelques-uns des plus illustres généraux du parti conservateur.

Les chefs du parti légitimiste crurent plus

prudent, ou peut-être plus digne de leur talent habitué à vaincre les difficultés, de saisir, pour rallier leur parti, l'occasion même qui semblait devoir en accroître toutes les divisions. Tout en soutenant la révision, qui pouvait rouvrir la lice entre les partis sans augmenter les chances du leur, ils essayèrent de donner satisfaction aux hommes qui déclaraient hautement que, eux vivants, on ne toucherait à la Constitution que lorsqu'il serait possible de passer de plain pied de la république démocratique à la monarchie de saint Louis. En effet, les membres de la réunion de la rue de Rivoli furent invités à voter la révision de la Constitution dans des termes qui obligeassent le pays à se prononcer entre l'anarchie et leur roi, comme s'il ne pouvait vraiment pas y avoir d'autre parti à prendre. Les téméraires, dont quelques hommes sages adoptaient ainsi le langage, n'hésitèrent point dès lors à le trouver déraisonnable, et ils montrèrent toute leur inconséquence en prouvant que si l'on interrogeait les sentiments du peuple, le pouvoir actuel, objet de toutes leurs attaques, était beaucoup plus sûr de la reconnaissance nationale que tous ces grands gouvernements passés qui les avaient jusqu'alors empêchés de voir qu'il pût en exister un autre. Que ne peut l'éloquence? Les chefs du parti légitimiste défendirent d'autant mieux leur autorité qu'on l'attaquait ce jour-là avec des armes plus sérieuses. M. Berryer entraîna son parti par la puissance de cet esprit véhément qui excelle à donner à la passion tout le crédit de la raison. M. de Falloux qui revenait de Venise, et qui en montrait les reflets encore sensibles dans l'émotion de sa parole, acheva de gagner les cœurs par la grâce cette fois un peu recherchée de son intelligence recueillie. Sous le charme de ces discours, les légitimistes décidèrent qu'ils voteraient la révision; mais le lendemain, lorsqu'ils lurent dans les journaux, à la face du public surpris, ce qu'ils avaient applaudi la veille dans leur réunion fermée, ils furent les premiers à comprendre que s'ils devaient suivre les conseils qu'ils avaient reçus, il était peut-être regrettable que pour les leur donner on se fût tant hâté d'arborer l'étendard d'une monarchie si peu prête à ressaisir l'empire des hommes et la direction de leurs affaires.

La réunion de la rue des Pyramides aurait pu répondre par une déclaration de principes à celle que la réunion de la rue de Rivoli notifiait si imprudemment à la France. M. le duc de Broglie, qui était resté à la tête du parti conservateur, exerçait par son nom hors de pair et par sa loyauté sans tache un ascendant qui ne laissa même pas de place à une simple interrogation. Sur sa parole, on marchait uni vers un but que personne ne prenait la peine de préciser et pour lequel il semblait que tout le monde dût être d'accord. Chacun était d'avis de faire des sacrifices pour y arriver. Quelqu'un ayant dit un jour qu'on serait plus sûr de l'atteindre si on le définissait mieux, M. de Montalembert leva toutes les incertitudes en déclarant qu'il fallait restituer au peuple le plein exercice de sa souveraineté engagée par la Constitution, et lui rendre le pouvoir de manifester en liberté ses sentiments véritables. Ce mot devint la formule de la proposition que 233 représentants, pris parmi les membres de la réunion de la rue des Pyramides ou parmi ses adhérents, soumirent à l'Assemblée. Il permettait de sous-entendre toutes les opinions, même celles que les légitimistes avaient exprimées.

Ainsi, le besoin de la concorde et la nécessité de recueillir les votes les plus farouches ou les plus timides, conduisirent les partis jusqu'au jour de la discussion, sans que personne eût pu poser la question dans le parlement comme elle avait été posée dans le pays.

V.

LA COMMISSION DE RÉVISION.

Le grand secret des minorités qui veulent dominer dans les assemblées consiste à se ménager le gouvernement des commissions par des coalitions savantes, où elles jouent, tantôt le rôle d'alliés, tantôt celui d'arbitres des partis. Les légitimistes, qui ont toujours excellé dans cette pratique, décidèrent, avec le consentement du parti de la fusion, que sur les quinze membres dont devait se composer la Commission de révision, ils en prendraient huit dans leur propre sein ou parmi des amis dévoués. Ils ne s'étaient point associés aux propositions de révision déposées sur le bureau, et ils voulaient en être les juges suprêmes.

Ils ne laissaient que trois ou quatre nominations aux membres qui avaient pris l'initiative et la responsabilité du débat ; ils livraient les autres au tiers parti encore hésitant et à l'opposition, où ils pouvaient se donner le plaisir de choisir à leur gré des victimes ou des auxiliaires. Ce beau plan fut accepté par ceux qui, ayant la majorité dans le parti de l'ordre et l'intérêt le plus vif dans la discussion, auraient pu se plaindre de l'amoindrissement qu'on voulait leur faire subir. Il échoua par la faute de quelques-uns de ceux qui devaient en profiter et qui, en se jetant ouvertement du côté de l'opposition, firent manquer les élections dans quatre bureaux.

Après une discussion que les conventions rendaient oiseuse, la Commission se trouva formée de six membres de l'opposition ardemment contraires à toute idée de révision, de trois membres qui avaient signé la propotion principale, de quatre membres qui appartenaient au parti légitimiste ou qui s'y rattachaient, de deux membres qui, au milieu de nos divisions, avaient, à des titres différents, conquis ou ménagé leur indépendance. Du moins dans cette mêlée, image trop fidèle des dissentiments de l'Assemblée, était-on heureux de compter des hommes comme MM. de Montalembert, de Broglie, Odilon Barrot, Berryer, de Tocqueville, Cavaignac, qui semblaient en mesure de produire, en cet instant solennel, une conférence digne de l'attente d'une grande nation disputée par de grands partis.

Malgré le mérite de ces illustres représentants de toutes les idées avouées, on est bien obligé de convenir que la Commission est restée au-dessous des espérances qu'on avait pu placer en elle. Ses procès-verbaux ont été imprimés tout exprès pour faire juger, dans un résumé pâle sans doute, mais fidèle, qu'elle n'a su ni serrer, ni étendre le débat. Il est vrai que dans ces luttes ardentes où nous vivons depuis un demi-siècle, les hommes ont appris à contenir leurs sentiments pour les mieux satisfaire, et que chacun, pour arriver au but qu'il se propose, se préoccupe moins de convaincre par la discussion des adversaires inflexibles, que de s'assurer par un jeu habile les avantages du terrain où l'on se rencontre. La tactique a remplacé la controverse; et les paroles que l'on prononce ayant moins trait à la question débattue qu'à certaines positions qu'il faut enlever, le public, qui n'est pas dans la confidence, s'étonne parfois qu'on puisse traiter les affaires en en parlant si peu.

C'est ainsi que dans la Commission de révision, le débat de la révision elle-même eut dès l'abord moins d'intérêt que la question de savoir qui en serait le rapporteur. Les honorables membres qui pouvaient être désignés pour ces fonctions importantes composèrent leurs paroles ou leur silence, non pas pour avancer la discussion, mais pour rallier les suffrages. M. de Tocqueville se distingua surtout dans cet art peu digne, à ce qu'il semble, de l'homme qui avait observé les formes différentes de la démocratie dans le nouveau et dans l'ancien continent, et qui s'était élevé jusqu'à décider à l'avance de leur avenir. Etait-ce vraiment la peine d'aller chercher si loin, aux dépens d'une frêle santé, des notions nouvelles, des vues délicates sur l'état mobile des peuples modernes, pour mettre toute sa gloire à tenir en suspens, sans vouloir incliner ni d'un côté ni de l'autre, la question de vie ou de mort que la France, battue par la tempête, posait au bon sens et au patriotisme de ses enfants? Et fallait-il acheter l'honneur d'être le rapporteur de ce débat mémorable, par le malheur de n'y apporter ni une idée, ni un mot qui pussent rester dans le souvenir des hommes?

Les préoccupations des partis se joignirent à celles des personnes pour abaisser la discussion au-dessous de ce qu'on avait attendu. Plus le moment approchait où il devenait nécessaire de découvrir tout ce qu'on avait au fond du cœur, plus chacun prenait garde aux paroles qui tombaient de ses lèvres. Dans l'incertitude de l'avenir, aux portes duquel on frappait déjà, ceux qui avaient le plus à dire devenaient les plus silencieux. En un pays où tant de choses se sont accomplies depuis soixante ans contre les prévisions communes, les hommes les plus capables de forcer les destinées s'inclinaient avec une émotion secrète devant la Providence dont on les avait chargés de partager la tâche, et à laquelle ils semblaient vouloir la remettre tout entière. Au lieu de la discussion, qui, en quelques passes, pouvait mettre le fond des choses à nu, on prit, par une sorte de consentement tacite, le tour d'une exposition successive d'opinions qui remplit les cinq séances consacrées à ce débat intérieur. Chacun semblait n'avoir à cœur que de se retrancher dans son camp et de ne pas s'y laisser forcer.

Les légitimistes surtout, qui s'étaient montrés jusqu'alors si empressés à faire flotter leur drapeau, semblaient comprendre qu'ils le défendraient mieux en le repliant. M. Berryer, si grand, si inspiré dans la lutte, semblait mettre ses soins à l'éviter; son bouillant courage faisait place à la prudence; aux éclats qui avaient entraîné son parti, succédaient les tempéraments qui ne laissaient plus de prise aux attaques préparées des partis ennemis. C'était autour de lui que les représentants de l'opposition prenaient plaisir à former le cercle et à circonscrire le combat; on voulait lui arracher par des provocations réitérées, un cri qui pût être le signal d'une mêlée ou d'une rupture décisive. Par les plus habiles réponses, même par l'absence, il se soustrayait à la triste nécessité qu'on voulait lui imposer de dissoudre la ligue sacrée du parti de l'ordre. Il lassait la poursuite de ces esprits armés de toutes les ressources de l'astuce et de la haine, qui se repliaient sur lui, et, croyant avoir enlacé le lion, s'apprêtaient à l'irriter par leurs piqûres, lorsque déjà il s'était délivré de leurs nœuds.

Les commissaires nommés par le parti conservateur croyaient pareillement avoir des dangers à éviter. M. de Montalembert, dont l'esprit est aussi résolu que sa parole est irrisistible, voulait que son courage ne fût redouté que des ennemis communs. Attentif à ne pas blesser ses alliés, soigneux à contenir les écarts des adversaires, il semblait réserver pour la tribune les éclats de sa raison éloquente.

M. de Broglie, pressé par la double nécessité de ne pas paraître manquer à son passé et de soulager les maux actuels de la patrie, voulait demeurer non-seulement au-dessus, mais en dehors de tous les partis. Il hésita longtemps à prendre la parole, et s'y étant décidé lorsque la discussion était déjà close, il employa toute la force de sa pensée à se dégager de toutes les pensées particulières qui étaient représentées autour de lui. Porté par la délicatesse de ses goûts et par les scrupules de sa probité, à n'aimer la politique qu'au point où elle se confond avec la métaphysique, il demeura fidèle aux habitudes de son esprit autant qu'aux attachements de son cœur en développant la théorie abstraite de la révision dans un langage simple, vrai, rigoureux, dont on doit regretter qu'il n'ait pas fait entendre l'accent austère à la tribune.

M. Odilon Barrot descendit dans le vif de la question elle-même. Profitant avec bonheur de l'indépendance d'une situation unique, s'affranchissant non-seulement des considérations du temps passé, mais encore du ressentiment des blessures reçues dans des crises récentes, ne pensant qu'aux dangers et à l'œuvre du présent, et pendant que d'autres s'occupaient de couvrir l'arrière-garde du parti de l'ordre, se portant en avant, il tendait la main à ceux qu'il fallait ramener, les appelait sur un terrain où toutes les dissidences honorables peuvent s'apaiser, sommait les partis de subir la volonté de la nation, et les adjurait de désarmer avec une émotion puisée dans un sentiment profond de la réalité et qui ne trouvait froids que ceux qui en étaient l'objet.

L'opposition ne montra rien de ce qui eût pu maintenir le débat à cette hauteur où il sembla ne s'élever que par hasard. Le général Cavaignac, qu'elle reconnaissait pour chef, ne se distingua guère qu'en faisant insérer au procès-verbal qu'il n'avait point ri dans un moment où personne n'avait pu écouter sérieusement la proposition d'éluder une constitution décriée même auprès de ses défenseurs. Des invectives adressées au pouvoir exécutif par ceux dont toute l'opinion consiste à le haïr, des chicanes dirigées contre la plus imposante manifestation du vœu populaire, par ceux qui prétendent le choisir pour fondement de leur croyance, des défis de la part de ceux qui ont des représailles à exercer contre la société, des mots vides de la part de ceux que la vanité pure poussait dans cette lutte, voilà ce qui tint lieu de la discussion des erreurs politiques consacrées par la Constitution de 1848, et des principes plus sains qu'il serait convenable d'y subsituer.

Çà et là cependant, à certains détours de ce débat égaré au gré des passions de chacun, éclataient quelques aveux singuliers qui, tout à coup, faisaient entrevoir le fond de l'abîme que d'un commun accord l'on semblait se plaire à recouvrir aussitôt. Lorsque M. de Melun disait « qu'il fallait embrasser la politique

» de la révision pour conserver la confiance du » pays» et demeurer maître du mouvement électoral, il dévoilait avec naïveté tout le secret de la conduite plus habile encore que généreuse du parti légitimiste. Lorsque M. Jules Favre annonçait que « l'Assemblée saurait dé-» nouer le nœud de la difficulté avant qu'il » devînt inextricable; » lorsque M. Baze déclarait que « l'Assemblée doit devancer et non » suivre l'opinion ; » ces deux honorables membres, étonnés sans doute de se rencontrer dans les mêmes paroles, exprimaient une pensée qui a dû donner encore plus d'espoir aux partis que d'autorité à la loi. Lorsque M. Barrot lui-même s'écriait que « comme il avait » dit à la dernière monarchie : Vous périrez, » si vous ne vous réformez pas, il adressait » aujourd'hui le même avertissement à la Ré-» publique, convaincu qu'elle allait périr et le » gouvernement représentatif avec elle ; » il donnait aux idées sous-entendues dans beaucoup de conversations une réalité que sa vieille réputation parlementaire aggravait encore, mais que la sagesse du pouvoir exécutif dissipera certainement.

VI.

LE RAPPORT.

La voix de M. de Corcelles, membre de la majorité de la commission, décida que M. de Tocqueville, candidat de la minorité, serait nommé rapporteur. Un homme qui avait mis tous ses soins à ne manifester aucune opinion fut chargé de résumer une discussion de droit constitutionnel où l'on s'était assez généralement entendu pour ne parler ni de la Constitution elle-même, ni du genre de changements que le pays désirait qu'on y fît. Aussi ne faut-il pas s'étonner si, de tous les documents qui ont passé inaperçus dans ce grand débat, le rapport est celui qui a laissé le moins de traces.

Ne cherchez dans le travail de M. de Tocqueville ni un tableau de notre situation présente, ni l'indication des causes ou des remèdes de nos maux, ni une analyse des conditions qui font que les constitutions vivent ou meurent, ni une étude comparée de la société française et de la constitution qu'elle a subie, ni un rapprochement entre les lois par lesquelles les bienfaiteurs du pays ont réglé avec fermeté sa vie civile, sa vie administrative, sa vie morale, et les lois par lesquelles des agitateurs se sont proposé de tenir continuellement sa vie politique en suspens. Pour aborder ces questions, les seules cependant qui fussent posées, pour les dénouer, il faudrait avoir le mandat ou d'une conviction émise, ou d'une opinion imposée. Le rapporteur n'a derrière lui ni la majorité qu'il ne représente pas, ni la minorité qui n'a pas le droit de dicter des décisions ; il n'a devant lui ni le pays qu'il ne veut point considérer, ni la constitution qu'il ne veut point juger, ni la révision dont il ne veut pas dire si les avantages sont plus grands que les inconvénients ; il ne peint, ni ne raisonne ; il ne voit, ne discute, ne résout rien ; il n'a qu'un parti bien arrêté, celui de ne point penser.

Exposer quelques unes des raisons qui avaient été données pour appuyer la révision, coordonner celles qui avaient été ébauchées pour la combattre, se ménager entre les deux partis l'apparence de l'impartialité, c'est à quoi M. de Tocqueville paraît avoir borné sa tâche. Il a ainsi produit sans plan, et à ce qu'il semble d'abord, sans but, une série d'opinions contradictoires, n'ayant entre elles d'autre lien que la pâleur étudiée d'une prose languissante. En entendant la lecture de cette suite de propositions qui se détruisaient l'une par l'autre, et qui ne se distinguaient que par l'effort fait çà et là pour prêter aux idées de l'opposition les plus fortes intonations d'une voix affaiblie, on croyait assister à quelque imitation moins gaie de cette scène folle, déjà reproduite par Molière, où Rabelais, introduisant Panurge qui demande conseil touchant le mariage, passe la parole à Pantagruel pour répondre, suivant le cas, alternativement et sans fin : « Mariez-vous doncques de par Dieu ! — et — Point doncques ne vous mariez ! » Point doncques ne révisez, révisez doncques de par Dieu ! voilà tout le rapport de M. de Tocqueville.

Cependant, quand on y regarde de plus près, on est peiné d'y trouver des inconséquences moins naïves. L'auteur consacre deux pages à constater en passant deux défauts de la Constitution, qui ne sont rien moins que les formes mêmes du suffrage universel, et l'antagonisme nécessaire des deux pouvoirs sortis de la même source avec des forces inégales ; comme s'il n'avait rien fait, il emploie ensuite vingt pages à traiter la question de savoir s'il est opportun d'accorder la révision. Eh quoi ! ne mériterait-on vraiment en France la réputation d'habile homme que lorsqu'on excelle à renverser l'importance des termes d'une discussion, qu'on sait mettre sans hésiter l'accessoire à la place du principal, et qu'on est prêt à sacrifier le salut public à une forme de procédure ! Comment ! il a suffi de quelques mots pour signaler dans la Constitution deux défauts qui demain vont causer la ruine du pays, et il faut délibérer ensuite avec tout l'appareil prolixe des sophistes pour savoir s'il est prudent de changer cette Constitution qui, de l'aveu de tous, porte dans ses flancs la mort de tout un peuple ! Où chercherai-je désormais les exemples de la justesse et de l'honnêteté de l'esprit ?

Ce qu'il y a de plus étrange, c'est qu'après avoir ainsi appliqué son esprit à fuir toute démonstration sérieuse, l'auteur, lorsqu'il arrive à proposer des résolutions, est d'autant plus affirmatif dans ses conclusions qu'il a été plus évasif dans ses preuves. Vide quand il faut poser des principes ; tranchant quand il faut en déduire les conséquences. On l'a cru hostile à la révision, et il la conseille. Mais au même moment il cherche dans la révision une consécration nouvelle de la Constitution dont il indiquait tout à l'heure les incurables défauts. Il a entrevu que toute la force de cette société était dans le pouvoir exécutif, et c'est contre le pouvoir exécutif qu'il cherche à exciter les défiances et à armer toutes les machines de guerre. Dans un pays où le régime républicain s'est substitué hier à une monarchie de quatorze siècles, il est d'avis qu'on le prolonge sans avoir donné une seule raison de son existence ou de son utilité. Dans un temps où l'esprit public, réveillé par le sentiment du danger suprême, a enfanté de lui-même une expression commune et un assentiment unanime sur lesquels il est possible d'asseoir enfin un pouvoir respecté, il fait entendre que la lettre morte d'une constitution exposée aux mépris mêmes de ses défenseurs, doit prévaloir contre l'autorité vivante que la nation a produite librement de son sein pour pacifier nos discordes. Jamais le scepticisme politique n'avait plus complaisamment répandu ses langueurs énervantes et ses ombres mortelles sur un peuple qui, du fond de l'abîme où tous les partis ont contribué à le précipiter, invoque avec des cris déchirants la lumière, l'énergie et la foi !

VII.

LA DISCUSSION.

La discussion qui allait enfin s'ouvrir excitait l'attente du public désireux de connaître, sinon la réponse à peu près prévue que l'Assemblée pouvait faire aux questions posées par le pays, du moins l'attitude des partis, le concours qu'ils consentiraient à se prêter pour l'attaque ou pour la défense et les espérances ou les craintes que chacun d'eux devait faire concevoir. Dans ce tournois aux manœuvres apprises, à travers la discrétion habile ou la vaillance affectée des champions, chacun espérait surprendre, au milieu de la curiosité d'un spectacle un peu factice, le secret de ce que les mêmes acteurs réservaient à la France le jour où la Constitution donnerait le signal des luttes qu'elle aurait dû avoir pour objet de prévenir.

Il était évident que les légitimistes, décidés à voter la révision dont l'opposition ne voulait pas, et à célébrer la monarchie traditionnelle qu'elle repoussait avec horreur, allaient rompre les coalitions où ils s'étaient engagés précédemment. Mais était-il aussi certain qu'après avoir proclamé leurs convictions, s'ils ne voyaient aucun moyen de les faire triompher, ils se rallieraient subsidiairement au pouvoir exécutif?

Jusqu'à quel point devaient lui faire la guerre ces orléanistes déclarés qui, cédant à des rancunes inexplicables bien plus qu'à des souvenirs tardivement renoués, disaient d'abord qu'ils voteraient la révision en silence pour faire un simulacre qui, sans profiter actuellement au gouvernement, leur permettrait d'obtenir plus tard de leurs électeurs de venir le combattre encore? Le ressentiment ne les pousserait-il pas à une agression publique ? L'ambition ne leur conseillerait-elle pas une compétition découverte du pouvoir ? Leurs passions, si elles se contenaient, ne trouveraient-elles pas du moins à se satisfaire par des alliances réglées ?

Il était surtout intéressant de savoir comment l'extrême opposition interviendrait dans le procès fait à une constitution qu'elle ne voulait pas réviser légalement, après avoir essayé de la changer par la force. Comment oserait-elle défendre ce qu'elle avait voulu renverser ? Avait-elle assez de confiance dans son avenir pour déclarer au parti de l'ordre que c'était contre lui seul qu'elle maintenait des lois objet de sa haine ou de son indifférence ? Ou bien, comme le bruit en était répandu, désespérant d'elle-même et se sentant prise entre deux haies de baïonnettes, aimerait-elle mieux faire un traité secret avec une des fractions du parti de l'ordre, que de demeurer exposée aux fureurs de la démagogie dont elle était l'organe tremblant et jalousé ? On ignorait ce qui s'était passé dans ses conciliabules ; mais on faisait des récits surprenants de la sévère discipline qu'elle s'était laissé imposer par les hommes mêmes qui jusqu'alors avaient le plus fait parler de leur indépendance.

Le parti conservateur, se sentant appuyé par l'assentiment de la nation entière, entrait assez froidement dans le débat, comme si sa cause gagnée ailleurs ne pouvait pas être perdue dans cette arène. A peine éprouvait-il le besoin de préparer des discours que l'éloquence de seize cent mille signatures déposées sur le bureau de l'Assemblée semblait rendre inutiles. C'est son orgueil et non pas son intérêt qui s'alarma du silence où le tour de la discussion laissa M. de Broglie, qui avait pris l'initiative de la proposition la plus générale de révision, et M. de Montalembert, qui pouvait en préciser le sens davantage.

De la discussion qui se déroula pendant une

semaine entière devant la France, entre les partis ainsi préparés, je ne veux rappeler que ce qui est nécessaire pour achever de peindre leurs projets et leur esprit. Les paroles vaines, les divertissements de l'amour-propre aveuglé, les blasphèmes de la vanité aigrie, l'insolent délire de l'orgueil désespéré, la fumée ou l'écume de passions ne nous apprendraient rien de ce qu'il nous reste à connaître; il y a des écarts même monstrueux auxquels on ne saurait infliger d'expiation plus dure que le silence; et ce que l'imagination éperdue d'un homme hors de voie peut accumuler à loisir et réciter à froid d'injures pompeuses et de déplorables palinodies, n'est pas ce que nous voulons compter en ce moment.

L'Assemblée, qui s'est séparée calme, est demeurée, jusqu'aux derniers instants du débat, si mobile et si émue, qu'il n'eût pas été facile de lui faire entendre toute sorte d'opinions. La défiance des juges était si grande qu'elle ne voulait admettre pour défenseurs que des ennemis ou des indifférents. L'honorable M. Coquerel, dont la parole modérée autant que spirituelle semble n'avoir pas besoin de s'entourer de précautions même lorsqu'elle s'adresse à des adversaires, a été obligé d'y recourir pour se faire entendre de ses amis. Afin qu'on pardonnât la hardiesse des vérités les mieux constatées, il ne lui a pas suffi de laisser croire *purement plaisants,* comme dit Montaigne, les mots les plus sensés et les plus solides. Au moment même où, avec ce sourire des lèvres, qui est comme l'éclair d'un esprit libre et sain, il venait de parler de « ce seul » nom connu de cinq millions de paysans qui » ne savent pas lire, » et de dire « qu'exclure, » c'était désigner, » il se croyait obligé de mettre des voiles sur sa pensée même après qu'elle avait passé, et de déclarer qu'il ne faisait pas des vœux pour la durée d'une autorité dont il venait de montrer si franchement toute la force. Ses traits si vifs ne parurent incontestables que lorsqu'il les eut ainsi désavoués. Quels efforts ne faut-il pas à une intelligence droite pour se plier à ces petits moyens qui produisent de si grands effets !

M. le ministre des affaires étrangères éprouva de la manière la plus imprévue combien l'Assemblée répugnait à entendre d'une bouche officielle les propositions les plus ordinaires et les plus reçues. L'administration ayant éprouvé le besoin d'apporter son opinion dans le débat, personne ne pouvait être plus que M. Baroche un organe habile, délicat de ses idées. Au moment où il voulait relever l'Assemblée par la comparaison de celle qu'elle avait remplacée, et faire entrevoir ce que des millions d'électeurs ont proclamé à la face du soleil, en protestant au 10 décembre et au 13 mai contre les élections de la Constituante, je ne sais quelle manie subite de venger les auteurs de la Constitution s'empara de ceux mêmes qui leur avaient prodigué depuis trois ans les mépris les plus insultants. On vit les hommes dont le ministre n'avait été qu'un écho affaibli et circonspect, parcourir les bancs pour soulever contre lui une tempête qui semblait, une fois déchaînée, ne devoir plus connaître de limites. L'Assemblée entière était debout, frémissante, hors d'elle-même. Les esprits froids, qui savent quels sont les périls d'une chambre unique, craignaient que la France ne fût sur le point d'en faire une cruelle expérience. Il fallut toute la confiance que le ministre avait le droit d'avoir en lui-même et toute la robuste souplesse de son talent pour regarder sans pâlir cet orage effroyable, pour le détourner, pour l'apaiser, et pour retrouver dans des personnalités vengeresses les applaudissements de l'Assemblée dont il avait mis toutes les passions en feu par la démonstration la plus froide et la plus exacte. Aristophane a représenté les assemblées populaires de son époque sous la figure d'un vieillard imbécile : c'est un enfant, spirituel sans doute, mais passionné, pleurant et riant dans la même heure, courant aux chimères, aimant peu la vérité, avisé jusqu'à la subtilité, frivole jusqu'à la futilité, mobile jusqu'au délire, impétueux, bruyant, irrésistible, que je voudrais voir peindre par les auteurs comiques de notre temps.

. . . .

Tel est le tempérament de l'Assemblée, que c'est seulement par exception qu'elle a pu se résigner à entendre des vérités que personne cependant ne doit mieux connaître qu'elle. Comme ces organes délicats que la lumière blesse et qui ne peuvent la contempler qu'à travers des couleurs qui la dénaturent, elle n'a souffert le débat qu'entre des opinions qui n'étaient pas celles dont la discussion fût sérieuse, ou le triomphe possible. C'est entre deux extrémités qui ne sauraient être immédiatement en cause, c'est entre la monarchie pure et la pure république que l'engagement a été permis parce qu'il devait être stérile.

Peut-être cependant peut-on maintenant en tirer quelque profit.

M. de Falloux, qui a parlé l'un des premiers, a fait entendre un langage dont l'élévation réfléchie et naturelle à la fois a le touchant privilége d'émouvoir plus encore par le souvenir que par l'audition. Semblable à ces peintres pieux qui ornaient leur beauté idéale avec grâce, sans éclat, et dont les images délicates, doucement attristées, froides pour des regards vulgaires, laissent dans les âmes choisies d'ineffaçables impressions, le jeune et éminent orateur a cette finesse de dessin, cette austérité d'expression, cette suavité de coloris dont le charme est impérissable. Il a aussi la tristesse des bons vieux maîtres, avec lesquels il partage l'honneur de faire aimer un passé qui ne reviendra plus; on sent assez cependant que sous une frêle enveloppe il cache des facultés ardentes consacrées à le faire revivre. Cette fois, pour lui concilier les suffrages, il a employé tout ce que son esprit avait de douceurs insinuantes et d'atténuations habiles. Il y avait une demi-heure qu'il parlait de son culte privé, et chacun croyait qu'il ne parlait encore que de celui de tout le monde ; il avait conduit les esprits fascinés aux pieds de son autel, il les y retenait sans efforts. Il invoquait un sentiment général, l'effroi que toutes les âmes éprouvent sur ce plan incliné dont il a fait une peinture si saisissante et si vraie ; il invoquait aussi une idée universelle, l'autorité dont toutes les intelligences sentent le besoin au milieu de cet énervement des convictions et de cette dissolution des forces sociales dont nul ne pouvait parler avec une voix plus éloquente et plus plaintive. Mais lorsqu'il voulait préciser ces notions si justes dans leur généralité, et qu'il les circonscrivait aux limites des sentiments de son parti, il se heurtait contre des difficultés insurmontables même pour son talent. Lorsqu'il cherchait les objets de notre frayeur jusqu'au delà de nos frontières, il donnait à ses adversaires l'occasion de renouveler des récriminations qui ont été fatales à son drapeau. Lorsqu'il déclarait qu'on ne pouvait faire de l'autorité qu'avec les hommes et les choses de l'autorité, il oubliait que les hommes et les choses changent ; que le principe, abstrait suivant lui, qui les gouverne, puise sa vie non pas en haut, mais en bas, qu'il consiste non pas dans le commandement, qui n'en est que l'effet, mais dans l'acquiescement, qui en est la source, et que ce qu'on traite si dédaigneusement aujourd'hui de régime bâtard et de palliatif impuissant est au contraire le vrai moyen de guérir nos maux en établissant sur l'assentiment universel une autorité muable sans doute, mais seule assez forte pour mettre fin à nos déchirements.

Le général Cavaignac, qui a répondu à M. de Falloux, a des titres incontestés à l'estime de tous les partis honnêtes. S'il n'a pas su rassurer son pays après la plus effroyable bataille qui ait été livrée à la barbarie, la civilisation ne saurait oublier que c'est lui qui l'a gagnée. Mais, comme l'orateur qu'il remplaçait, et avec lequel il a quelques rapports étranges de tristesse et d'ardeur contenue, c'est encore l'interprète du passé. Le premier appartient à la race des hommes qui ont cru qu'il suffisait d'avoir gouverné longtemps pour mériter de gouverner toujours; le second est de la génération de ceux qui ont pensé que parce que le peuple dans sa colère avait brisé un gouvernement, il n'y avait plus de gouvernement à fonder, et qu'on ne devait plus se servir des rênes, parce qu'un jour elles avaient été mises en pièces. Ces deux races se sont connues et approchées autrefois; elles étaient aux prises en 1792. Elles paraissent encore çà et là dans quelques champions, qui semblent porter leur deuil; mais elles ont vécu. D'un esprit méditatif aussi, l'honorable général Cavaignac a cherché au-delà du monde sensible les sources du droit personnifié dans son épée. Lorsque, à l'imitation de l'école légitimiste, il remontait, pour les découvrir, jusqu'aux idées éternelles de l'intelligence divine, quelques esprits le suivaient avec curiosité à travers les difficultés d'une démonstration aussi nouvelle. Mais plus ils avaient volontiers porté avec lui leur pensée vers le ciel, plus ils étaient péniblement surpris de la voir tout à coup ramenée jusqu'aux enfers par ce guide aventureux, plaçant presque au même instant sous la garantie de la haine et des défiances de quelques hommes une constitution dans laquelle il voyait tout à l'heure une émanation de l'entendement divin. Ces inconséquences ne sont point rares chez les hommes les plus fermes, et les grandes assemblées ne prennent pas toujours garde à de si petites imperfections. Quand l'honorable général Cavaignac déclarait dans la Commission qu'il n'attendait de salut que de la fréquente transmission de l'autorité; quand, à la tribune, il commentait cette parole en disant que pour se défendre contre la monarchie, qu'il appelait le *maximum* du pouvoir, la Constitution avait établi un gouvernement républicain fondé sur le *minimum* de la puissance, ne mettait-il pas à nu toute l'insuffisance du commandement qu'il avait laissé tomber de ses mains, et dont la fragilité soulève aujourd'hui les unanimes protestations du pays? Comment donc le représentant d'un pouvoir si débile pouvait-il en concevoir cette opinion superbe qu'il offrait, en finissant, comme notre seul abri contre les craintes de l'avenir, et que ses auditeurs entendaient aussi patiemment qu'ils avaient écouté l'opinion précédente qui la contredisait?

Lorsque M. Michel (de Bourges) parut à la tribune, un frémissement instinctif annonçait qu'il portait le secret du débat dans les plis de son front pâle et dépouillé ; on attendait que l'éclair sortît du nuage. Le général

Cavaignac avait répondu à M. de Falloux au nom d'une opinion ; mais on sentait que M. Michel (de Bourges) allait parler au nom d'un parti. Les hommes sous qui les partis ont été vaincus ont beau faire bonne contenance et relever leur mérite par leur dignité, il est rare qu'ils reprennent autorité pour mener les soldats à la bataille. M. Michel (de Bourges) est un vieux tribun qui a rallié les plus fougueux par sa hardiesse, mais qui n'était pas incapable de diriger les plus prudents par son habileté. Nature méridionale, il a reçu dans les plaines mêmes où Marius défit les Cimbres, tout à la fois l'énergie et la finesse du plébéien latin. Revenant volontiers aux idées pour lesquelles semblait faite son expression abrupte et imagée, il n'était pourtant pas homme à épouser les revers comme les passions de son parti ; et sous la monarchie, après avoir éprouvé ce que pouvait lui coûter la république, il n'avait dédaigné ni le luxe de la vie, ni les relations du pouvoir. Chef de l'extrême opposition, aux yeux de ceux qui le connaissaient bien, il ne parut jamais avoir accepté ce commandement pour marcher au martyre. Homme de ressources, il était devenu général d'une armée, non pas pour l'exposer, mais pour lui assurer le triomphe ou la retraite. Rien dans ses paroles n'a démenti l'idée qu'on avait pu prendre de lui; et lorsque, après deux séances presque remplies par son discours, il descendait de la tribune courbé, mais non vaincu par la fatigue, au milieu de la mystérieuse impression qu'il avait produite, quelques esprits, abusés peut-être par leur vue trop subtile, jugeaient que la manœuvre qu'il venait d'accomplir ressemblait plus à une retraite qu'à une bataille. Ils s'étonnaient que cet homme auquel on avait fait un renom si terrible eût tenu un langage si débonnaire, qu'il eût admis la discussion du principe républicain, auquel il ne donnait d'autre fondement que le doute, et qu'il eût à peine ébauché en passant une invocation au fantôme sanglant de la révolution, comme pour obtenir ensuite de ses amis assouvis toute la liberté de sa pensée. Ils avaient remarqué qu'en apparence il avait établi le débat entre la république et la monarchie ; mais que dans tout ce qu'il avait dit sur leurs relations réciproques avec le travail et le capital il n'y avait rien qu'une phraséologie vide, empruntée pour rajeunir, dans la parade des clubs, le costume vieilli des jacobins par quelques oripeaux de la friperie plus récente du socialisme, et qu'au-dessous de toute cette mascarade et de toute cette déclamation peu dignes de son talent, il avait eu soin de placer, à l'adresse d'un autre genre d'auditeurs, la comparaison habile de deux époques de l'histoire contemporaine entre lesquelles il semblait qu'il voulût faire un choix, du gouvernement de 1815 et du gouvernement de 1830. Il n'échappait à personne qu'autant il avait été rude à la monarchie de la Restauration, autant il avait été bienveillant pour la royauté de Juillet ; que, non content d'opposer aux fautes de la première les bienfaits de la seconde, on eût dit qu'il avait voulu chercher dans quelques passages du testament du duc d'Orléans, empreints d'une sorte de mysticité politique, hélas! trop répandue alors, les bases d'un rapprochement possible entre le fils de ce malheureux prince et les hommes qui avaient renversé le trône de son père. Fausses suppositions, ou révélations véridiques, qui décidera? Le tribun, quand il a cessé de poser devant le public et qu'il paraît devant sa conscience, pourrait-il en juger lui-même? Connaît-on bien quel est ce mélange de faux et de vrai, de passion et de raison, de folie et de sens, d'ambition égoïste et d'élan généreux, qu'on appelle un orateur populaire? Et si le philosophe ne sait pas distinguer lui-même tant d'éléments en fermentation, comment voulez-vous que puisse les démêler celui qui en subit l'ivresse?

Ce qu'il y a d'assuré, c'est que lorsque

M. Berryer s'est élancé pour répondre à M. Michel (de Bourges), il semblait à la vigueur et, si l'on peut ainsi dire, à l'allégresse de son attaque, qu'il se donnait la satisfaction de frapper à la fois, dans le démon de la révolution, les deux têtes auxquelles il avait successivement adressé ses coups pendant le cours de sa vie. A l'athlète un autre athlète avait succédé cette fois ; à la rudesse, la puissance ; à la flamme qui dévore, la lumière qui éclaire ; à l'histoire de nos dissensions récentes, l'histoire de nos gloires passées ; à l'action du tribun du peuple, s'efforçant de jeter des ruines nouvelles sur les ruines déjà amoncelées, l'action du tribun de la monarchie, cherchant, parmi tant de débris épars, les cendres de ses rois, et essayant de les ranimer au souffle du génie. En assistant à la lutte de ces deux partis, qui combattaient ainsi avec toutes les ressources de leur esprit, avec toute l'ardeur de leur âme, peut-être était-il permis de se dire que, même victorieux, jamais l'un des deux ne pourrait supprimer l'autre; qu'ils avaient tous deux des bases trop profondes, l'un dans les bienfaits, l'autre dans les orages du passé, et qu'ils devaient rester debout et séparés, comme les deux écueils entre lesquels se gouvernent les périlleuses destinées de la société moderne.

Était-ce là ce que pensait M. Dufaure, quand, après ces deux joutes répétées des deux principes contraires, il a demandé la parole pour proposer un accommodement entre les partis? Le talent de l'honorable orateur, unique par l'originalité naturelle, par la simplicité mordante, par la sûreté presque infaillible, talent de franche et bonne race gauloise, comme les plus vrais qui aient brillé dans notre littérature, semble préparé tout exprès pour choisir avec tact les vérités de l'ordre moyen et pour donner du relief au bon sens. Ceux mêmes qui pouvaient regretter que dans le gouvernement M. Dufaure ne fût peut-être pas toujours demeuré assez ferme au milieu, étaient bien persuadés qu'il n'en sortirait pas dans une occasion solennelle où il s'agissait de fixer le sort de son pays. Quel a été leur étonnement de voir qu'un personnage aussi rarement doué, avait oublié qu'il était un homme d'État délibérant sur l'avenir de la France, pour se souvenir seulement qu'il avait été le père de la Constitution soumise à une discussion nouvelle, et qu'il n'était plus le ministre du prince dont la révision pouvait développer l'autorité. Pourquoi faut-il qu'un homme habitué à traiter tant d'affaires n'y ait pas un peu plus adouci l'âpreté du sentiment de soi-même, et qu'un avocat si ingénieux à trouver de grandes raisons pour les causes ordinaires, n'ait rencontré que de petits raisonnements dans un sujet aussi considérable ? Lorsque ceux-là même qui ont voté la Constitution comme l'expression de leur conquête, ne la défendent plus que comme une redoute, où la minorité, obligée de battre en retraite, peut encore inquiéter la majorité de nouveau dégagée, comment peut-il se faire qu'un politique qui n'a jamais pu voir dans ce pacte qu'une transaction temporaire entre la violence et le droit, ait pris à tâche de montrer aujourd'hui que c'est l'édit perpétuel de la sagesse?

Un seul homme pouvait répondre à M. Dufaure, c'était M. Odilon Barrot. Partisan comme lui des idées moyennes, comme lui froissé par une crise qui lui en avait enlevé le gouvernement, comme lui intéressé dans la naissance de la Constitution, plus que lui engagé dans les événements qui avaient amené la révolution, et tout à la fois dans le parti qui s'était imposé le devoir de la brider, il avait une situation au niveau du grand débat qu'il allait clore, et une âme au niveau de sa situation. Son discours n'a pas été seulement une démonstration de la nécessité de la révision, il a été encore un mémorable exemple de morale et d'honnêteté politique. Le talent de l'orateur convaincu s'est élevé de toute la hauteur des sentiments du bon citoyen foulant au pied de misérables rancunes, parlant de ses propres disgrâces plus librement qu'il n'eût fait de celles d'un autre, et s'en servant comme d'une arme pour triompher des adversaires dont elles étaient l'espérance secrète. Dans un temps où les notions du bien sont encore plus effacées peut-être que celles du vrai, les restaurer ensemble avec éclat dans le sacrifice de tous ses ressentiments personnels, c'est rendre à notre pays, à ces déplorables générations errant dans l'incertitude de tous les principes et dans l'obscurcissement de toutes les lumières, le seul flambeau qui puisse les éclairer, la seule force qui puisse les ranimer et les sauver. Lorsque M. Odilon Barrot, ouvrant, en quelque sorte, à l'Assemblée les délibérations du Conseil où il avait dirigé les affaires de la France, a fait voir la discorde engendrée et les impossibilités à chaque instant renaissantes, non point par la faute des hommes dont l'opposition eût applaudi l'accusation dans sa bouche, mais par la faute des lois dont il venait demander la réforme, il a rencontré une des belles inspirations que l'histoire de l'éloquence puisse perpétuer. C'était assez faire pressentir tous les vices de la Constitution, que de signaler cette imprévoyance radicale dans le point capital de l'organisation du pouvoir, d'où tout le reste dépendait ; mais l'orateur est allé jusqu'au bout du sujet dont on n'avait touché avant lui que les abords et les généralités ; et tandis que, dans son improvisation si complète, il montrait une à une toutes les imperfections de la Constitution démembrée, on voyait tour à tour les partis revendiquer comme leur, l'orateur habile qui avait su se rendre l'interprète des idées que chacun d'eux doit apporter au rétablissement de la société.

Ce que plus tard on aura peut-être quelque

peine à comprendre, c'est la difficulté qu'éprouvaient à conclure les orateurs mêmes dont la pensée répondait le mieux au sentiment général du pays. Les hommes politiques dont l'esprit patriotique et élevé pouvait le mieux apercevoir, à travers la manifestation si nette du vœu populaire, la condition présente de notre salut, n'en ont parlé que comme d'un danger où il fallait s'engager le moins témérairement possible. Par le pétitionnement, l'opinion publique pesait de tout son poids sur l'Assemblée, qui, même en déférant à ses désirs, ne souffrait pas qu'on les lui rappelât. Des couches les plus profondes, les plus solides de la nation, s'était dégagée une immense adhésion sur laquelle on pouvait fonder, pour la sécurité de tous, un gouvernement, je ne dis pas stable à la manière de ceux qui ont péri, mais loyalement consenti, pacificateur, aussi fort que puissent le permettre les ferments mal éteints de tant de révolutions répétées. La démocratie française, que la révolution de Février avait voulu organiser par la haine des classes entre elles, tendait à se constituer par leur réconciliation, depuis qu'un prince placé à la tête du pouvoir exécutif par les suffrages réunis des campagnes et des villes, était devenu le trait d'union de toutes les parties de la nation, et s'était montré prêt à répondre de sa personne à tous les devoirs qu'on avait imposés à son nom. Que cette vérité proclamée par le pays tout entier n'ait pas pu trouver son expression dans la langue politique, et que, sous prétexte de ne pas diviser les partis, on ait été obligé de passer sous silence le lien qui seul en ce moment peut les tenir unis, voilà assurément un phénomène digne de toute la curiosité des observateurs.

Cependant quelques ménagements qu'on employât envers plusieurs parties de l'Assemblée, on ne laissa pas que de les froisser encore. Quelques hommes surtout s'agitaient sur les bancs où l'on n'aurait voulu trouver que des défenseurs de la volonté nationale. En leur nom, M. de Rémusat demanda la parole pendant que M. Odilon Barrot achevait son discours. Soit que la droite ne voulût pas qu'on achevât de poser la candidature de la maison d'Orléans, soit qu'elle ne désirât pas prolonger un débat où elle avait fait entendre ses voix les plus puissantes, elle proposa la clôture. On passa au scrutin, qui s'accomplit lentement au milieu de l'abattement et du pénible abandon des hommes qui, un an auparavant, auraient secondé de toutes leurs forces le mouvement qu'ils avaient inutilement essayé d'arrêter. 446 membres votèrent qu'il y avait lieu, en appelant une assemblée de révision, de rendre au peuple l'exercice de sa souveraineté et de le convier à améliorer une condition politique qu'aucun d'eux ne pensait pouvoir changer complétement. 278 membres au contraire, rassemblement singulier de légitimistes déraisonnables, d'orléanistes impatients, de socialistes résolus qui portaient tous dans le cœur le désir immodéré de transformer radicalement notre situation présente, votèrent le maintien de la Constitution qui la continuait. Comme il fallait épuiser en cette occasion tous les insolents démentis que la raison publique peut recevoir dans la confusion de nos temps malheureux, il se trouva qu'aux termes mêmes de cette Constitution dont le pays et l'Assemblée demandaient l'abrogation, la puissance de la décision, par un renversement de toutes les règles ordinaires, passait des 446 voix qui avaient voté pour la révision, aux 278 qui avaient voté contre elle : digne conséquence de la logique d'une révolution qui a couronné une minorité, et que le pays peut seul dénouer en rendant à la majorité son énergie souveraine.

Ainsi les vœux les plus clairs et les plus essentiels de la nation, en passant à travers les cercles différents que forment, à son sommet, les comités, les salons, les réunions politiques, les commissions et les délibérations des pouvoirs publics, subissaient une métamorphose qui peu à peu les dénaturait entièrement et ne les empêchait point d'échouer à la fin devant une fiction légale. Si du sommet on redescend vers la base, en interrogeant successivement les pouvoirs intermédiaires, on retrouve au contraire, à mesure qu'on se rapproche de la masse réelle des citoyens, l'expression de plus en plus distincte de leurs véritables désirs. Sur 85 Conseils généraux qui terminent en ce moment leurs travaux annuels, 5 seulement ont écarté le vœu de la révision, 1 l'a admis pour consolider la République, 2 l'ont formulé pour rétablir la monarchie traditionnelle, 27 en demandant la révision ou sous le plus bref délai possible, ou pure et simple, ou spécialement en vue de l'abrogation de l'article 45, se sont plus expressément associés aux sentiments de leurs populations pour le renouvellement des pouvoirs du président de la République; 50 l'ont sollicitée avec les termes abstraits et généraux que la majorité de l'Assemblée législative avait employés. Dans ce miroir plus immédiat des assemblées départementales, voilà le pays presque unanime pour réclamer la révision dont les partis se cachent encore à moitié, ou se disputent déjà plus nettement le résultat. S'il était possible de faire briller sans nuage la lumière même d'où tous ces reflets dérivent, de faire parler en sûreté le souverain dont tous ces pouvoirs sont les délégués, qui doute qu'on verrait cesser du même coup les équivoques par lesquelles on abuse notre malheureuse patrie, et les luttes impies qui perpétuent ses dangers?

FIN.

TABLE DES MATIÈRES.

PARIS. — IMPRIMERIE CENTRALE DE NAPOLÉON CHAIX ET Cᵉ, RUE BERGÈRE, 20.